DE L'ANCIENNETÉ

DE

L'USAGE DES MÉREAUX

AUX

CHAPITRES DE SAINT-BARNARD DE ROMANS
ET DE SAINT-MAURICE DE VIENNE

PAR

R. VALLENTIN DU CHEYLARD

Extrait du *Bulletin de numismatique*, t. V, p. 113.

PARIS

RAYMOND SERRURE

19, RUE DES PETITS-CHAMPS, 19

1899

DE L'ANCIENNETÉ

DE

L'USAGE DES MÉREAUX

AUX

CHAPITRES DE SAINT-BARNARD DE ROMANS
ET DE SAINT-MAURICE DE VIENNE

PAR

R. VALLENTIN DU CHEYLARD

Extrait du *Bulletin de numismatique*, t. V, p. 113.

PARIS

RAYMOND SERRURE

19, RUE DES PETITS-CHAMPS, 19

1899

MACON, PROTAT FRÈRES, IMPRIMEURS

DE L'ANCIENNETÉ

DE

L'USAGE DES MÉREAUX

AUX CHAPITRES DE SAINT-BARNARD DE ROMANS

ET DE SAINT-MAURICE DE VIENNE

I

M. Roman classe le plus ancien méreau du chapitre de Saint-Barnard « à la fin du xve ou au commencement du xvie siècle »[1]. Cette attribution est incontestable. Aucun méreau d'une date plus reculée n'a été retrouvé, depuis les deux publications successives, dues à la plume de cet habile numismatiste. Les investigations de Gustave Vallier n'ont pas modifié cette situation[2].

On connaît des méreaux du chapitre de Saint-Maurice de Vienne remontant à une période plus éloignée de nous. Or, l'archevêque de Vienne était abbé du chapitre de Romans. Ce dernier était trop jaloux de ses privilèges pour ne pas porter envie aux prérogatives des chapitres voisins. On peut supposer *à priori* qu'il tenta d'avoir, comme son rival de Saint-Maurice, une *moneta* particulière, au moins dès la première moitié du xve siècle.

II

Il existe aux Archives départementales de la Drôme dans le fonds du chapitre de Saint-Barnard, non classé, un cahier intitulé : « *Livre*

---

1. *Les jetons du Dauphiné*, pp. 56-7. — *Méreaux et jetons ecclésiastiques du Dauphiné* (*Annuaire de la Société française de numismatique*, t. IV, pp. 284 et suiv.).

2. *Essai sur les monuments numismatiques de l'église et de la cité de Vienne en Dauphiné, etc.* — Blanchet, *Nouveau manuel de numismatique du moyen âge et moderne*, t. II, p. 443.

« *capitulier* (sic) *de M*ᶜ *Faieti, notaire et secrétaire du chapitre Saint-*
« *Barnard, en latin, des années 1439 fins à 1449 inclus.* »

Un acte, daté du mardi 23 janvier 1440 (1441, n. st.), jour de la
fête de Saint-Barnard, renferme l'indication suivante :

« *Deinde ibidem ipse gardianus solvit dictis correariis, nomine dicte ecclesie*
« *recipientibus et de plurimis* [1] *protestantibus, sex solidos censuales monete*
« *dicte ecclesie* [2]. »

Nous avons relevé, au cours de la lecture de ce volume, les paie-
ments effectués toutes les années, le jour de la saint Barnard. L'expression usitée est uniformément « *sex solidos censuales* ». C'est uniquement en 1441 que nous avons remarqué l'adjonction des mots
« *monete dicte ecclesie* ».

Quoi qu'il en soit, il nous paraît impossible de ne pas traduire cette
évaluation autrement que par « 6 sols de cense payés en monnaie de
cette église ». Et par cette expression, on ne saurait viser du numé-
raire réel, car la formule serait d'une part « *moneta viennensis* » et,
d'autre part, le monnayage des archevêques de Vienne avait pris fin
depuis bien longtemps, depuis plus de cinquante ans. Il ne peut s'agir
que d'une *monnaie* spéciale au chapitre de Saint-Barnard, c'est-à-dire
de ses *méreaux*. De nouvelles preuves, à l'égard de leur emploi, anté-
rieurement à la seconde moitié du xvᵉ siècle, ne seront pas inutiles.

Les statuts du 10 janvier 1446 (n. st.) renferment de précieuses
conventions :

1. « *Thesaurarius percipit oblaciones, provenientes in prima, secunda et*
« *tercia missis festi Nativitatis Domini, detractis duodecim denariis monete*
« *ecclesie pro domino sacerdote, dictas missas celebrante, et sex consimilibus*
« *denariis pro quolibet dyacono et pro quolibet subdiacono* (sic) . . . .
« *et duobus denariis consimilibus pro quolibet clericulo ceroferario in ipsis*
« *missis servientibus* [3]. »

Le mot qui suit *subdiacono* a été sauté. Il serait utile de tenter de le
rétablir. C'est sans doute *totidem*, car les statuts ultérieurs nous
enseignent que les diacres et les sous-diacres ou clercs recevaient égale-
ment six deniers à l'occasion de la Noël.

---

1. La lecture de ce mot n'est pas certaine.
2. Fol. 27, rᵒ.
   Fol. 81, vᵒ.

2. « *Item percipit a subclaverio pro suo feriale veluti canonia quinqua-* « *ginta solidos monete ecclesie* [1] ». La lecture du mot *solidos* est indiscutable. Il est opposé à *denarius*. Le sous-clavier, distinct du trésorier, était tenu de verser certaines fériales et de donner aux pauvres une grande quantité de drap.

3. Le texte relatif à l'assistance aux offices est des plus importants :

« *Et si in ipso psalmo* « *venite* » *defficerint, solvat quilibet sic defficiens* « *tres denarios monete ecclesie et si in primo nocturno ipsi cantores defficerint,* « *solvat similiter eorum quilibet defficiens, tres denarios consimiles et sic in* « *quolibet nocturno observetur. Si vero, culpa ebdomadarii dictum officium* « *in principio retardetur, penam sex denariorum bonorum monete ecclesie per* « *ipsum ebdomadarium committendam, pro vice qualibet, infligimus lumi-* « *nari dicte ecclesie applicandorum . . . . et hoc arbitrante hujusmodi* « *retardacionem uno fideli levatore talium deffectuum per capitulum, medio* « *juramento, ad hoc deputato. . . . . [2]* »

L'adjonction de l'adjectif *bonorum* établit à l'évidence que l'amende de six deniers était payable en nature, c'est-à-dire que les *denarii* existaient réellement. Nous ne pensons pas que son insertion puisse faire supposer que des *denarii* faux circulaient, car l'usage des méreaux était limité strictement aux membres du chapitre. Ce n'est que bien plus tard que le public les admit comme monnaie fiduciaire et que les méreaux faux apparurent.

4. *Item statuimus quod, si ob favorem, graciam, vel honorem alicujus* « *qui non fuerit canonicus, contingat missam majorem pro exequiis mortuo-* « *rum ad altare majus celebrare, illi ad quorum requestam hujusmodi missa* « *celebrabitur, pro aliquo qui non fuerit canonicus, solvant libram consuetam* « *pro quolibet chorario, duos solidos monete ecclesie [3]* ».

Le dernier membre de phrase doit être interprété de la manière suivante. La *libra* ou distribution revenant à chaque membre du chœur était, dans cette circonstance, de deux sols payés en monnaie d'église.

Ceux qui désiraient faire célébrer une grand' messe « de mort » au

---

1. Fol. 82, r°.
2. Fol. 83, r°.
3. Fol. 88, r°.

grand autel devaient remettre au trésorier du chapitre une somme telle que chaque chorier recevrait une *libra* de 2 sols ou de 24 deniers ou de 24 fois l'unité de compte.

Une portée analogue est à attribuer aux soixante sols du paragraphe qui suit :

« *Item statuimus quod quando contigerit creare in dicta ecclesia aliquem* « *sclaffardum, qui quidem antea fuerit in ecclesia clericulus notatus, ipse* « *creandus solvat sexaginta solidos monete ecclesie, thesaurario tradendos. Si* « *vero talis esclaffardus creandus, non fuerit antea clericulus notatus in* « *ecclesia, solvat ecclesie, ipso casu, centum solidos convertendos ad libros eccle-* « *sie faciendos et reparandos* [1]. »

Enfin, incidemment, nous trouvons une stipulation en livres :

« *Usque ad summan decem librarum monete ecclesie* [2]. »

III

Contrairement aux notions possédées actuellement, le chapitre de Saint-Barnard se servait de méreaux dès 1446, et même à partir de 1441. Nous n'osons pas assigner une date plus reculée à leur emploi, faute de texte, mais nous sommes convaincus que l'on pourra, quelque jour, faire remonter leur création beaucoup plus haut. A notre sens, les premiers méreaux seraient contemporains des plus anciens du chapitre de Saint-Maurice de Vienne, ou tout au moins ils remonteraient au début du XVe siècle. Nous souhaitons ardemment que ce nouveau desideratum de la numismatique du Dauphiné soit promptement comblé.

A l'opposite de ce que l'on observe notamment pour les méreaux du chapitre de Saint-Apollinaire de Valence ou de Saint-Maurice de Vienne, les méreaux du chapitre de Saint-Barnard, soit le plus ancien connu, soit ceux de l'émission de 1542, ont tous une même dimension. Et, à ce propos; nous tenons à déclarer que les dates de 1547, 1574 et 1587, que l'on a cru déchiffrer sur certains exemplaires, sont le résultat d'une mauvaise lecture.

Comme il est évident que ses divers membres ne recevaient pas une

---

1. Fol. 90, v°.
2. Fol. 94, r°.

rétribution uniforme et que leur *libra* ne pouvait être que proportionnée à leur dignité respective, il est clair que les deux types de méreaux publiés servirent, en leur temps, d'unité de compte. En un mot, les chanoines touchaient un nombre fixé de méreaux, les diacres un autre moins élevé, et ainsi, jusqu'au rang inférieur des clergeons ou petits clercs. Ce point n'avait pas été mis en lumière par nos devanciers.

Il en fut de même à l'origine et le premier document de 1446, que nous avons publié, témoigne hautement de cette gradation et justifie cette particularité.

IV

Les méreaux ont reçu les noms les plus divers en Dauphiné : *libra* à Vienne, *signum ereum* à Valence [1], *signum* pour le compte spécial de la chapelle de Saint-Maurice à Romans, *godin* à Montélimar, etc.

Nous avons découvert le nom de *signum ereum* ou de *signum* pour le chapitre de Saint-Apollinaire. Nous avons encore relevé la dénomination appliquée aux méreaux du chapitre de Saint-Barnard : *denarius* (1446), » *marqua sive pecia lothoni* » (1552) [2].

Cette appellation de *denarius* est l'une des plus curieuses. Elle correspond à l'idée de *moneta*, mais elle n'est pas isolée. Nous établirons, en effet, plus tard, qu'en 1541, les chanoines de Saint-Apollinaire appelaient leurs méreaux neufs « *solidi novi de moneta ecclesie* ».

Les nombres 240, 12 et 1 furent usités au moyen âge comme synonymes des termes *livre*, *sol* et *denier* [3]. De même les méreaux du chapitre de Saint-Barnard servirent d'unité de compte, tout en justifiant de l'assistance aux offices de ceux qui les détenaient, tout en ayant une valeur fictive qui permettait au trésorier d'éviter des erreurs, soit dans les distributions en nature, soit dans les répartitions de sommes d'argent.

Ce nouveau système de compte ne comportait pas de terme répondant à une valeur inférieure au denier. Les multiples de ce denier étaient le sol, composé de 12 deniers, le florin, comprenant 12 sols et

---

1. Cf. notre mémoire *De l'ancienneté de l'usage des méreaux au chapitre de Saint-Apellinaire de Valence.*
2. *Fonds de Saint-Barnard*, Romans, n° 183.
3. *Du compte par livre, sol et denier, synonymes respectifs des nombres 240, 12 et 1.*

la livre renfermant 20 sols. Le sol et le florin répondaient donc à un système duodécimal. Quant à la livre et au sol, ils se rattachaient à un système analogue à celui de la livre tournois.

Voilà plus qu'il n'en fallait au trésorier pour tenir les comptes des distributions et surtout pour..... commettre des erreurs!! Ce fonctionnaire employait, d'autre part, les monnaies d'or de compte, et comme monnaies réelles les systèmes de la livre tournois, du florin de 12 sols et du florin de gros poids ou de 15 sols ou gros. A moins d'être un calculateur hors ligne, il était bien difficile de ne pas tomber dans quelque méprise.

La fabrication des premiers méreaux avait atteint un chiffre considérable, car les statuts de 1446 relatent une stipulation de 10 livres en « *moneta ecclesie* ». On doit multiplier 10 par 20 puis par 12. On obtient un total de deux mille quatre cents méreaux.

Quelques détails relatifs à l'organisation intérieure et empruntés aux documents que nous avons découverts compléteront notre mémoire.

Le chapitre s'intitulait « *insignis ecclesia collegiata beati Barnardi ville de Romanis* » ou « *insignis Romanensis ecclesia* » en abrégé.

A la date de 1550, ses divers membres sont énumérés dans l'ordre suivant : *dominos canonicos, presbiteros, clericulos et incorporatos dicte ecclesie* [1]. »

Une bulle de l'antipape Clément VII et une autre du pape Eugène IV avaient fixé le nombre des chanoines à 15, celui des membres *de majori choro* à 27 et celui des membres *de minori choro* à 18 [2].

On pourra d'ailleurs se reporter à une publication du docteur Chevalier, *Les statuts de l'Église de Saint-Barnard de Romans*, parus dans le *Bulletin etc. de la Drôme*, en 1880. L'auteur s'est servi uniquement des statuts de 1472 et des modifications qui y furent ultérieurement introduites.

La *fériale* était une distribution faite à raison de quelques fêtes. Elle comprenait la *double*, la *simple* et la *demie*. Leur valeur respective était de 5 florins d'or, de 2 florins d'or et demi, de 15 gros d'or.

Il ne s'agit pas du florin de la monnaie courante, mais d'une autre monnaie de compte, le florin d'or, sur la nature duquel on ne pos-

---

1. *Livre capitulaire de Ruffaud*, fol. 18 v°.
2. *Livre capitulaire de Fateti*, fol. 103 v°.

sède à peu près aucun renseignement. Puisque l'un de ces florins, augmenté du quart de l'un d'entre eux, était égal à 15 gros d'or, il s'en suit que le florin d'or se subdivisait en 12 gros d'or.

D'un autre côté, le docteur Chevalier énonce d'après les statuts de 1472 que le manillier recevait « pour une demi-fériale, vingt-cinq sols, monnaie de l'église, valant quinze gros d'or ». Nous en concluons qu'un sol d'église était l'équivalent des 3/5 d'un gros d'or. Le cours de cette monnaie de compte, si peu connue, suivit de nombreuses variations. Il atteignait 15 sols tournois à la date de 1592 [1]. A ce moment-là, un sol d'église était donc compté pour les 3/5 de 15 sols t. c'est-à-dire pour 9 sols tournois. Le rapport du sol d'église, du moins à Romans, au sol tournois, était comme 9 est à 1. Cette proportion si simple était-elle restée invariable, depuis le début de l'emploi des méreaux ? Il sera bien difficile de trancher définitivement cette question, mais nous croyons devoir adopter la négative, car durant la deuxième moitié du xvie siècle la monnaie idéale, affublée du nom de « florin d'or », avait cessé d'être usitée. La principale espèce d'or de compte était le *denier d'or*.

Enfin le secrétaire Ruffaud a inscrit au f° 1 du livre capitulaire, tenu par lui de 1550 à 1557, diverses mentions, notamment celle-ci « *pro quolibet bastonariorum, tres grossos auri, valentes quatuor solidos* [2] ». La monnaie employée dans cette indication est la monnaie courante ou tournois.

A cette époque un gros d'or était égal à 4/3 de sol tournois, c'est-à-dire à 16 deniers tournois.

La mention de la *moneta ecclesie*, en 1441, 1446 et 1472, prouve surabondamment que les premiers méreaux de Saint-Barnard n'ont pas encore été retrouvés.

Quant à ceux de la chapelle de Saint-Maurice, ils ont été frappés en 1543 et n'eurent peut-être qu'une émission. Les dates proposées, autres que celles-ci, sont pour le moment inexactes. Leur création n'a jamais été expliquée.

Les prêtres habitués ne percevaient aucune part des revenus du chapitre. Ils formaient une communauté spéciale ayant son siège dans la chapelle de Saint-Maurice, annexe de l'église de Saint-Barnard, à

---

1. Notre brochure, *Les monnaies d'or de compte en usage dans le Dauphiné à la fin du XVIe siècle*, pp. 6-7.
2. *Fonds de Saint-Barnard*, Romans 183.

laquelle elle communiquait par une porte. Ils réunissaient entre les mains d'un trésorier spécial ou mistral les produits leur revenant des anniversaires, des messes et des diverses fondations. Le chapitre désigna, le 4 septembre 1550, Jean Ribot « *pro audiendis compotis cappelle sancti Mauricii* [1] ». Le contrôle de cette administration spéciale lui revenait en dernier lieu.

VI

Étienne Avril, quaternier de l'Église de Saint-Maurice de Vienne, mourut le jour de la fête de Saint-Michel de l'année 1440. La fin de l'inscription relative à la fondation obituaire qu'il fit est ainsi conçue, en la reproduisant en italique :

« *Dictus Stephanus die obitus ibidem annuatim..... monete ecclesie servi-*
« *toribus ecclesie et XLII distribuendo..... die tercia (omnium) mensium*
« *unum scutum auri..... dimidiam libram in processione et residuum mis-*
« *sam celebrantibus. Item die beati Ylarii quatuor florenos monete predicte*
« *dictis servitoribus distribuendos*, etc. [2]. »

Le savant A. de Terrebasse a rappelé,. d'après Charvet [3], que la « monnaie d'église était une monnaie particulière, frappée au coin du « chapitre et destinée aux distributions manuelles ». Des inscriptions suivantes mentionnent des *florenos monetae* (1446), des *grossos monetae* (1449), etc. [4]. En ce cas, il ne s'agit que de florins ou de gros composés avec de la *monnaie* courante et non de la *monnaie* de l'église de Saint-Maurice. On lit dans les statuts du chapitre de Saint-Barnard de Romans de la même époque (1446). « *Item quod si, pro negociis ecclesie* « *gerendis, contingat aliquem mictere procuratorem extra villam. Si talis* « *mictendus fuerit presbiter vel alius procurator, ecclesia provideat sibi pro* « *expensis suis et roncini sui octo grossos monete, incluso loquerio equi, pro* « *qualibet die et si fuerit canonicus, quia cum duobus equis, verisimiliter* « *equitabit, habeat, pro qualibet die unum florenum auri et eo casu, quo* « *talis canonicus non duceret nisi unum roncinum, habeat octo grossos* « *auri* [5]. »

---

1. *Fonds de Saint-Barnard, Romans 183*, f⁰ 9.
2. De Terrebasse, *Inscriptions antiques et du moyen âge de Vienne*, t. II, p. 231-3.
3. *Histoire de la Saincte Eglise de Vienne*, p. 375.
4. *Op. l.*, pp. 234, 240.
5. *Livre capitulaire aux Arch. dép. de la Drôme.*

VII

Les méreaux anciens du chapitre de Saint-Maurice de Vienne comprennent *un chanoine à cheval* de la fin du xive siècle, un autre du début du siècle suivant, deux méreaux pour les prêtres de cette dernière date, et un autre contemporain pour les clergeons [1].

Des premières années du xve siècle au commencement du xvie, il n'y aurait pas eu d'émission. Il existe bien un *chanoine à pied* dont le droit aurait été frappé avec un coin de fabrication antérieure à celui qui a été utilisé pour le revers. La légende du droit renferme quatre lettres gothiques ; celle du revers n'en montre aucune [2]. La même observation, quoiqu'elle n'ait pas encore été formulée, doit être appliquée aux nos 13 et 14, qui sont des *librae presbyterorum*. La légende du droit de ces deux pièces a été obtenue avec un mélange de lettres gothiques et de lettres romaines. Enfin une telle singularité se présente sur un méreau des clergeons, mais cette fois simultanément au droit et au revers [3].

A notre avis, ces méreaux datent, le dernier, du milieu du règne de Louis XII, les autres de la fin du gouvernement de ce roi populaire ou des premières années qui suivirent l'avènement de son successeur.

Nous rappellerons les observations que nous avons recueillies, il y a bientôt huit ans : « Au commencement du xvie siècle, les lettres « onciales ou gothiques disparurent progressivement des légendes des « monnaies. La substitution des lettres latines eut lieu lentement ; elle « ne pouvait d'ailleurs être instantanée. Les écus et les dizains, battus « à Grenoble sous la maîtrise d'Antoine Vagnion, nommé maître le « 8 juillet 1513, et portant le nom de Louis XII, nous montrent « encore un petit nombre de lettres gothiques. On peut admettre « d'une manière générale que l'usage *absolu* des lettres latines com- « mença en Dauphiné avec l'avènement de François Ier, sauf pour « l'atelier de Crémieu, où l'emploi des lettres gothiques persista encore « quelque temps [4]. »

---

1. J. Roman, *op. c.*, nos 1, 2, 11, 12 et 20.
2. *Ibid.*, no 7.
3. *Ibid.*, no 21.
4. Notre notice, *De l'ancienneté de l'usage des méreaux au chapitre de Saint-Apollinaire de Valence*, pp. 4-5.

Ces conclusions doivent être légèrement modifiées, grâce à la découverte de l'écu au soleil, émis à Grenoble par Vagnion, du 1er janvier au 19 juin 1515, bien entendu au nom de François Ier, mais avec omission de son titre de dauphin. Les légendes ont été obtenues en effet avec l'aide de lettres gothiques et de lettres romaines[1].

En définitive, une règle absolue ne saurait être fixée, puisqu'à l'atelier de Crémieu, on continua à recourir aux lettres gothiques après 1521. On peut affirmer qu'à ce moment-là, l'emploi des caractères romains était général aux Monnaies de Grenoble, de Romans et de Montélimar.

Peut-être les méreaux de Vienne ont-ils été forgés à Lyon. En ce cas, une longue discussion serait indispensable. Pour abréger, nous nous bornerons à constater que les méreaux du chapitre de Saint-Maurice, nos 7, 13 et 14, ont été fabriqués durant les cinq ou six premières années du règne de François Ier, et que le n° 21 est contemporain du début du xvie siècle.

La série de ces pièces s'augmentera quelque jour, tout comme la suite des méreaux de Saint-Barnard, de nouveaux spécimens, émis durant le xve siècle. Ils ne seront pas les moins curieux peut-être.

L'inscription de 1440 mentionne une distribution de *quatre* florins en *moneta ecclesie*, soit $4 \times 12 \times 12 = 576$ méreaux. L'emploi de ces jetons au milieu du xve siècle n'est pas douteux. Leur usage a été continué sans interruption dès la fin du xive siècle.

Reste à déterminer le sens du mot *servitoribus* de ce texte lapidaire. Il ne désigne pas les fonctionnaires d'un rang modeste; il ne vise pas davantage les *famuli*. On doit comprendre sous cette qualification, outre les chanoines, les prêtres et les clergeons. Jean Cussac avait été *clericulus* à l'église de Saint-Apollinaire de Valence. Le 22 décembre 1494, assisté de son curateur maître Maurice Cussac, il donna pouvoir « *nomine et pro eodem petendum, exhigendum et recuperandum a procuratori-* « *bus modernis et olim ipsius ecclesie Valencie libras sibi debitas de tempore* « *quo ipsi ecclesie servivit et de receptis quictandum* [2] ».

Dans une délibération prise le 17 novembre 1553 par le même cha-

---

1. Notre mémoire, *Les différents de la Monnaie de Grenoble de 1489 à 1553*, pp. 6-7.
2. *Notes brèves d'Étienne Bourjac*, fo 30 (E, 2552, *Archives dép. de la Drôme*).

pitre, nous lisons : « *qui altari servit, de altare vivere debet, assignetur cuilibet domino canonico, presbitero, etc.* [1] »

Il n'y a pas lieu de rechercher des méreaux, destinés aux serviteurs de l'église, au sens étroit de ce terme. Il suffira d'essayer de retrouver les *librae* des chanoines, des prêtres et des clergeons, fabriqués au cours du xve siècle. Il est matériellement impossible en effet qu'aucune émission n'ait eu lieu durant la période de cent ans ou environ qui sépare les deux plus anciens groupes.

---

1. *Fonds de Saint-Apollinaire*, manuscrit non classé du n° 6, f° 15.

MACON, PROTAT FRÈRES, IMPRIMEURS

www.ingramcontent.com/pod-product-compliance
Ingram Content Group UK Ltd.
Pitfield, Milton Keynes, MK11 3LW, UK
UKHW021723090726
13657UKWH00005B/2432